AF227121

LA
VOCATION DE LA FRANCE

ET

SAINT MARTIN

—

DISCOURS

PRONONCÉ A TOURS, DANS L'ÉGLISE CATHÉDRALE

Le 11 novembre 1877

PAR

LE RÉVÉREND PÈRE FR. VINCENT DE PASCAL,

DES FRÈRES PRÊCHEURS

SE VEND

pour aider à la reconstruction de la basilique de Saint-Martin

TOURS

IMPRIMERIE PAUL BOUSEREZ

5, RUE DE LUCÉ, 5

LA
VOCATION DE LA FRANCE

ET

SAINT MARTIN

LA
VOCATION DE LA FRANCE

ET

SAINT MARTIN

—

DISCOURS

PRONONCÉ A TOURS, DANS L'ÉGLISE CATHÉDRALE

Le 11 novembre 1877

PAR

LE RÉVÉREND PÈRE FR. VINCENT DE PASCAL,

DES FRÈRES PRÊCHEURS

———

SE VEND

pour aider à la reconstruction de la basilique de Saint-Martin

———

TOURS

IMPRIMERIE PAUL BOUSEREZ

5, RUE DE LUCÉ, 5

LA

VOCATION DE LA FRANCE

ET

SAINT MARTIN

Adveniat regnum tuum.

Que votre règne arrive.

L. xii, 2.

Messeigneurs (1),

Notre Seigneur Jésus-Christ lui-même, de qui nous tenons la prière que l'on peut nommer la prière type, la prière forme absolue et exemplaire achevé de toutes nos prières, nous met sur les lèvres cette demande : *Adveniat regnum tuum.* « O mon Dieu, que votre règne arrive. » Mais quoi, est-ce que Dieu ne règne pas ? Sans doute, dans le ciel, autant le droit de Dieu à l'empire est incontestable, autant il est affirmé, accepté, reconnu par tous. Là-haut, tous les esprits sont nourris du pain substantiel de la vérité, tous les cœurs s'épanouissent dans ce que l'Écriture appelle « la beauté de la paix, » toutes les volontés sont affermies dans la justice et dans l'obéissance.

____

(1) Étaient présents NN. SS. les Archevêques et Évêques de Tours, de Bourges, de La Rochelle, de Bayeux, du Mans, de Blois, de Basilite, *in partib. infid.* et le Révérendissime Père abbé de la trappe de Belle-Fontaine.

Mais ici-bas... que de murmures! que de révoltes! que de négations! que de clameurs impies qui s'élèvent de partout et qui, à certaines heures, semblent partout victorieuses : « Nous ne voulons pas que celui-ci règne sur nous! » Le royaume de Dieu! non-seulement il est contesté, mais il est combattu avec une haine sauvage : Dieu est l'ennemi public que l'on pourchasse sans pitié, et parce qu'il a donné à son Royaume en ce monde, une expression visible et une forme-sociale qui est l'Église, témoin de sa vérité, organe de ses volontés, interprète de ses lois, l'Église est le point de mire des attaques les plus injustes, les plus passionnées et les plus furieuses. C'est là, à vrai dire, le grand drame de l'histoire; tout y dépasse l'humain, car, comme tout d'un côté y révèle le divin, tout, de l'autre, y traduit le satanique.

Les envahissements de l'Église, et comme ils disent dans une langue qui ne garde plus rien de français, du *cléricalisme,* ce n'est pas autre chose que l'avancement du Royaume de Dieu. Cela étant, mes Frères, vous comprenez sans peine que travailler au triomphe de l'Église, c'est réaliser autant qu'il est en soi l'effet de cette prière : *Adveniat regnum tuum.* C'est en faisant œuvre catholique, faire œuvre divine.

Or, mes Frères, Dieu a destiné non-seulement les hommes pris individuellement, mais encore les groupes d'hommes qui s'appellent des nations à travailler à l'avancement de son règne.

Et parmi toutes les races qui se partagent la terre, aucune n'a reçu en ce qui concerne l'œuvre de Dieu, une mission plus haute, une vocation plus certaine et plus noble que la race dont nous sommes les fils. D'un autre côté, saint Martin, par les œuvres de sa vie, par les influences souveraines qui se sont échappées de sa tombe et de son culte, a été et est resté le grand initiateur et le puissant protecteur de cette vocation nationale et catholique.

Quelle est, mes Frères, dans les conseils de Dieu, la vocation de la France? Et quel est le rôle de saint Martin dans cette vocation?

La réponse à ces deux questions fera tout le sujet de ce discours.

MONSEIGNEUR (1).

Il est écrit : « Là où sont les anciens taisez-vous ; » *Ubi sunt senes, ne multum loquaris* (Eccl. 32 ; 13). Volontiers j'aurais suivi ce conseil du sage, volontiers confondu dans la foule, j'aurais écouté de la bouche d'un Pontife en qui éclatent avec la majesté des princes de l'Église l'autorité de la parole et l'éminence de la doctrine, l'éloge de Celui que la sainte liturgie appelle si bien « la perle des prêtres et des évêques, » *Gemma sacerdotum;* mais une volonté devant laquelle je dois respectueusement m'incliner ouvre mes lèvres. Que Marie donc daigne bénir ma parole afin qu'elle soit moins indigne et du glorieux saint Martin, et de cet auguste sénat de Pontifes, et de cette grande assemblée de fidèles.

I.

Le monde, mes Frères, œuvre de la sagesse infinie, reflète dans l'immense variété des êtres qui le composent, cet ordre, qui est la marque propre des ouvrages de l'intelligence, en même temps qu'il est un des caractères essen-

(1) Monseigneur le prince de la Tour d'Auvergne, archevêque de Bourges, prélat officiant.

tiels de la beauté. Chaque chose, en son lieu et toutes choses ramenées à l'unité et formant comme un merveilleux concert : Voilà le monde. Il n'est pas un pêle-mêle ; il est une hiérarchie. Or, dans cette hiérarchie, tout être, depuis le grain de sable perdu sur les grèves de l'Océan, jusqu'à l'ardent séraphin qui se baigne dans les profondeurs de l'essence divine, a sa place marquée et son rôle assigné. Bref, tout être a une vocation écrite par Dieu au plus intime de sa nature et déterminée par sa fin. Les peuples seuls, ces brillantes constellations d'existences individuelles et raisonnables, n'auraient pas de vocation ! Ils poursuivraient ici-bas à l'aventure leurs destinées, et leur histoire échapperait à toute loi supérieure ! Le penser, ce serait mentir à la raison et faire injure à la Providence.

L'humanité, prise dans son ensemble, a un but. Elle n'est pas ici-bas pour naître, pour végéter dans la misère ou amasser de la fortune, pour pleurer et gémir, ou se rassasier de jouissances, et puis pour mourir. Elle a bien d'autres fonctions à accomplir et une autre fin à atteindre. Dieu l'a faite pour le glorifier en lui donnant des fils, en fournissant des membres au corps de Jésus-Christ. Quelle serait, je vous prie, mes Frères, la raison d'être de cette terre où tout passe si elle n'était pas faite pour l'éternité, et à quoi bon la perpétuité et la fécondité d'une race où l'Église et le Ciel ne recruteraient point leurs enfants ?

Mais dans la grande famille de l'humanité il y a des familles particulières, des peuples doués de qualités, d'aptitudes spéciales. Ces nations, *familiæ gentium,* comme les appelle l'Écriture, ont chacune leurs destinées, leur vocation, leur but. C'est ce que l'apôtre nous explique dans un langage sublime :

« Dieu, dit-il, qui a fait sortir d'un seul tout le genre humain, et qui lui a donné le globe entier pour demeure, a déterminé le temps de l'apparition de chaque peuple, et lui a marqué le lieu de son établissement... jusqu'au jour où il jugera l'univers en le confrontant à l'homme qu'il a posé comme le type et l'exemplaire souverains (1). »

« Certes, dirai-je, en empruntant les paroles d'un grand évêque (2), le naturalisme politique comme le fatalisme historique trouvent ici un terrible contradicteur. Au jugement du docteur des nations, la Providence a fixé l'heure de chacune d'elles, a assigné leurs frontières, déterminé leur rôle, réglé leur durée et leur part d'action dans l'œuvre générale, et elle les jugera un jour selon qu'elles auront plus ou moins fait pour celui dans lequel elles ont été posées. »

Les nations sont donc conçues dans la sagesse divine, elles sont voulues de Dieu. Toutes il les a faites pour son Fils Jésus-Christ, car le jour même, le jour éternel, où parlant à son Fils il lui communiquait la substance divine : « Tu es mon Fils, je t'ai engendré aujourd'hui, » il lui confiait le domaine des choses créées, lui disant : « Demande moi, et je te donnerai les nations pour héritage (3). » Sur chacune d'elles il a une pensée précise, un dessein arrêté, et cette prédestination des peuples éclate dans leur histoire.

Contemplez Israël ; interrogez ses annales, remontez à ses plus lointaines origines, suivez le cours de sa miraculeuse histoire, est-ce que tout dans cette race que Dieu a choisie, qu'il a tirée de l'esclavage, à laquelle il a donné des lois, préparé un territoire placé comme une sentinelle avancée aux frontières de tous les empires, est-ce que tout, triomphes et revers, institutions et mœurs, génie national et jusqu'au sol où elle est assise, ne dit pas la haute vocation que la Providence lui a faite? Être ici-bas l'arche vivante de la vérité, le gardien de la promesse, porter dans ses flancs jusqu'au jour marqué par le doigt de Dieu la chair du Verbe, n'est-ce point là sa mission?

(1) *Act. apost.*, XVII.
(2) Mgr Pie, évêque de Poitiers.
(3) *Ps.* II, 7 et 8.

Ëh bien! dans la nouvelle alliance, une vocation, je ne dis pas semblable, mais analogue, a été faite au peuple Franc.

Ce fut, mes Frères, un jour solennel dans l'histoire, que ce dernier jour de l'an 405, où une armée de cent peuples, en marche depuis dix ans à travers les forêts de la Germanie, lança ses premières colonnes au delà du Rhin par le pont de Bâle, et s'abattit sur le vieil empire des Césars. A partir de cette date, ce fut une mêlée furieuse de deux siècles, une sorte de déluge de sang, au sein duquel le monde semblait devoir s'abîmer à jamais. L'Église flottait au-dessus de cet océan qui engloutissait l'empire éternel de Rome, et elle gardait dans son cœur avec le secret de l'espérance les germes de la vie. Car, on l'a très-justement dit : « La vérité est qu'il n'y avait humainement rien à espérer du monde romain en dissolution, rien à gagner à l'avénement des Barbares. L'Église a tout fait. Avec les Romains seuls on allait par le fisc et la centralisation à la plus savante barbarie qui pût étouffer l'esprit humain ; avec les Barbares seuls on avait le chaos : Dieu par l'Église sauva la cité romaine, transforma le camp barbare et peupla l'un et l'autre d'hommes et de chrétiens (1). »

L'Église fit plus. Prenant cette masse confuse de Barbares, elle la pétrit, elle la travailla, elle en fit sortir les nations civilisées. Or, parmi ces peuples, nul ne reçut au baptême avec une trempe plus chrétienne une mission plus haute que le peuple Franc. Cette race, brillante et généreuse, combinée dans de providentielles proportions avec l'élément gaulois et l'élément romain, fut par excellence la race de la parole et la race de l'épée. A d'autres un tempérament plus calme et plus rassis, un jugement plus froid, une volonté plus tenace ; à elle, à la France les nobles initiatives, les élans audacieux ; elle est à la fois un apôtre et un soldat. On peut fausser sa vocation et la détourner de

____

(1) *Histoire de saint Léger*, par le cardinal Pitra ; introduction, page 13.

son but providentiel, on ne peut pas la supprimer; quoi que l'on fasse, la France sera toujours un *semeur d'idées,* toujours dans son âme frémira la passion des conquêtes intellectuelles; elle ne tire pas l'épée pour un gain sordide, et des plis de son drapeau, sur toutes les rives qu'il ombrage, elle laisse tomber les germes féconds du bien, et hélas! trop souvent aussi du mal.

Être sur cette terre l'avant garde de l'armée de Dieu, le bras de cette humanité régénérée dont la tête est à Rome, tel est le rôle de la France. Je dirai, pour emprunter un mot à la vieille langue militaire de nos pères, qu'elle est le *connétable* de l'Église. Pour nier cette vocation, il faut se condamner à ne voir dans notre histoire nationale qu'un amas de faits que rien ne relie et que rien n'illumine; il faut déchirer les pages les plus illustres de nos annales; il faut renier un passé de quatorze siècles.

Lorsque nous fûmes enfantés à la vie dans le *Baptistère* de Reims, la papauté eut des tressaillements de joie prophétique.

Le pape Anastase II écrivait à Clovis (ces paroles sont notre premier titre de noblesse) : « L'Église se réjouit de l'enfantement d'un grand roi. O Clovis! fils illustre et glorieux, console ta mère, elle s'appuie sur toi comme sur une colonne de fer... Dieu a pourvu à son Église en ta personne, tu lui es une défense et un bouclier. »

Le pape Vigile, captif à Byzance, aux prises avec l'astuce grecque, en appelle à son cher fils Childebert, parce que, dit-il, « il le connaît dévoué au Siége apostolique et qu'il lui appartient d'empêcher que rien ne trouble l'Église catholique; car il est digne et convenable qu'étant le roi catholique, il défende en toute générosité la foi et l'Église dans laquelle Dieu a voulu qu'il fût baptisé, d'autant qu'il est écrit : « Vive moi le Seigneur! Je glorifierai qui me glorifiera. »

Saint Grégoire le Grand, écrivant aux fils de Brunehaut, leur dit : « Autant la dignité royale l'emporte sur le vulgaire, autant votre empire dépasse les autres empires. Être roi ce n'est pas si rare, d'autres le sont ; mais être roi catholique alors que les autres sont indignes de l'être, c'est assez de grandeur. Comme un fanal jette ses lueurs dans la nuit, ainsi éclate et rayonne la splendeur de votre foi à travers les ténébreuses perfidies des autres nations. »

Enfin, laissez-moi vous citer cette magnifique oraison tirée d'un missel du ixe siècle : « O Dieu tout-puissant et Éternel, qui avez établi l'empire des Francs, pour être par le monde l'iustrument de votre très-divine volonté, le glaive et le rempart de votre sainte Église : nous vous en prions, prévenez toujours et partout de la céleste lumière les fils suppliants des Francs, afin qu'ils voient toujours ce qu'il faut faire pour l'avancement de votre règne en ce monde, et que pour faire ainsi qu'ils auront vu, ils soient jusqu'à la fin remplis de charité et de courage (1). »

Et les gestes de la race élue font à ces paroles un splendide commentaire. Éclairés les premiers des rayons de l'Évangile, fils aînés de l'Église, les Francs méritèrent, par une fidélité qui ne se démentit jamais, de garder l'honneur et les priviléges de ce glorieux droit de primogéniture.

Les Goths de l'Espagne, venus à la vérité après avoir erré longtemps dans les ombres de l'arianisme, marquent leur passage par des traces brillantes, s'endorment au milieu des splendeurs de leur civilisation, et en un seul jour de bataille tombent sous les pieds du Musulman. Les Lombards, eux aussi, entrent dans la vie sociale par la porte de l'hérésie ; leur conversion lentement consommée au viie siècle recule leur chute ; mais au xiiie siècle ils deviennent persécuteurs du pontife romain ; la papauté les maudit,

---

(1) Omnipotens sempiterne Deus, qui ad instrumentum divinissimæ voluntatis per orbem, et ad gladium et propugnaculum ecclesiæ sanctæ tuæ, Francorum imperium constituisti ; cœlesti lumine, quœsumus, filios Francorum supplicantes, semper et ubique prœveni, ut ea quæ agenda sunt ad regnum tuum in hoc mundo efficiendum videant, et ad adimplenda quæ viderunt, charitate et fortitudine perseveranter convalescant. (Voir Dom Pitra, op. cit.).

et l'épée des Francs les chasse de la scène du monde.

« Deux peuples seulement, on l'a justement remarqué, laissent un nom durable au sol qui les reçoit, et vivent une longue vie sur la terre; à eux seuls, aujourd'hui encore, le monde appartient presque en entier, à l'un la mer et ses explorations immenses; à l'autre la terre et le commerce des idées; à tous les deux la plus large part à la civilisation et à l'évangélisation des nations (1). » J'ai nommé les Anglo-Saxons et les Francs. Mais outre que les Anglo-Saxons n'arrivent que tardivement à la foi catholique, nous les voyons ensuite mêlés aux Normands, se tenir presque toujours à l'égard de Rome dans un état de défiance qui semble présager la grande et lamentable défection de l'Angleterre. Les Francs, au contraire, demeurent immuables dans la foi que leur a prêchée saint Remi, et cette foi ils la défendent de leur invincible épée.

L'arianisme est écrasé à Vouillé par Clovis; les hordes musulmanes sont broyées dans les champs de Poitiers sous la main de fer de Charles Martel; et plus tard, lorsque le péril grandit, lorsque la chrétienté se serre autour de la croix, afin de se former en bataille contre le mahométisme envahisseur, d'où part l'impulsion qui va jeter l'Europe croyante sur l'Asie infidèle? Du cœur d'un pape français, Sylvestre II. Où sont inaugurées les croisades? Dans un concile national, à Clermont; dans une assemblée nationale, à Vezelay. Quels en sont les conducteurs les plus héroïques et les plus pures illustrations? Des chevaliers français et des rois français.

Trois siècles s'écoulent, une hérésie qui concentre en elle la force de destruction de toutes les erreurs, dévore l'Allemagne et l'Angleterre; la France, abandonnée par la royauté, trahie par une partie de sa noblesse, est sur le penchant de sa ruine : le vieux sang catholique s'émeut dans sa poitrine, et il produit ce magnifique élan national de la sainte ligue qui sauve la foi, et force la couronne à

1) Dom Pitra, op. cit.

s'incliner devant les autels de Charlemagne et de saint Louis.

Est-ce tout? Ah! mes Frères, j'oubliais, c'est un glorieux souvenir, mais amer à se rappeler à l'heure présente, j'oubliais que la main de Pepin et de Charlemagne avait élevé au pontificat suprême ce trône royal, couvert hier encore de l'ombre de notre épée!...

O France! la première-née du Christ et qui n'a jamais connu les souillures de l'hérésie, ta loi fondamentale écrite dans les entrailles de ton histoire, et qu'aucune révolution ne pourra effacer, c'est que tu fasses ici-bas l'œuvre de Dieu en avançant l'œuvre de son Fils. Ah! mes Frères, je ne l'ignore pas, il y a toute une conspiration ourdie contre la France chrétienne, c'est-à-dire contre la vraie France; il est des hommes que Dieu et que l'histoire jugeront, s[i] toutefois l'histoire daigne ramasser leurs noms dans la poussière où ils seront ensevelis, il est des hommes qui veulent nous faire, comme ils disent, une France nouvelle et rajeunie, une France dans les veines de laquelle ils auraient tari le sang généreux et catholique qu'y a versé la main du Christ. Mais, encore que l'Église seule ait reçu les promesses d'un éternel triomphe, cependant ni ma raison, ni mon patriotisme, ni ce que ma foi semble entrevoir des desseins providentiels, ne me permettent de croire que ces hommes puissent mener à terme leurs projets de perversion.

Non, je ne puis pas croire qu'il soit donné à de médiocres petits rhéteurs, qui piétinent sur tout ce qu'il y a de plus sacré et jusque sur le grand nom de Dieu, et qui ayant désappris tout respect ne savent même plus imposer silence à leur haine cynique en face des infortunes les plus augustes..., non, je ne crois pas qu'il soit donné à ces hommes, chez lesquels on ne sait qu'admirer davantage ou l'ineptie des conceptions, ou la lâcheté de cœur quand on les regarde en face, ou l'audace à tout faire quand un coup de fortune les porte au sommet des choses, non, en vérité je ne puis pas croire qu'il leur soit donné de triompher des destinées providentielles de la France et d'arracher de ses vaillantes mains le drapeau de Jésus-Christ. Ah! ce drapeau, ils peuvent le souiller de leur encre, le déchirer de leur stylet, ou le trouer de leurs balles, mais le renverser pour toujours dans la boue, non, cela ne sera pas...

O France! je le sais, tu as des entraînements subits et des emportements comme irrésistibles qui te jettent sur la pente des abîmes; mais tu as aussi des retours admirables, des élans généreux, et dans une minute de fière indignation tu secoues le joug ignominieux qu'on t'a imposé. Non, ô mon noble pays, je ne te ferai pas l'injure de croire que tu veuilles changer en un vil outil de démolition ta chevaleresque épée, et guerroyer contre « le Christ qui aime les Francs. » Te souvenant de tes origines illustres, des hauts faits de ton passé, tu seras fidèle à tes vieilles traditions, et tu poursuivras le cours de tes glorieuses destinées, sous le regard de Dieu et sous la protection de saint Martin.

Mais il est temps, mes Frères, de vous montrer comment saint Martin a été l'initiateur et le protecteur de la vocation de la France. Veuillez me prêter encore pendant quelques instants cette bienveillante attention que vous n'avez cessé de donner à ma parole et dont je vous remercie.

II.

Pour que la France répondît aux desseins de Dieu sur elle, deux choses étaient nécessaires; il fallait qu'elle fût catholique, et il fallait qu'elle fût puissante. Or, si nous cherchons à surprendre le secret de la mission providentielle de saint Martin, nous verrons qu'il a été élu de Dieu pour convertir la Gaule par l'autorité de sa parole et de ses miracles, et pour couvrir de son patronage après sa mort le berceau de la nation française. C'est donc à juste titre que nous le proclamons l'initiateur, le tuteur, le protecteur de la vocation de la France.

Quand saint Martin succéda, en 372, sur le siége de Tours, à saint Lidoire, la Gaule était encore à demi plongée dans la nuit de l'idolâtrie. Sans doute, dès l'origine, Lazare, Marthe, Madeleine, avaient porté le nom de Jésus-Christ aux rives parfumées de la Provence ; Martial, si grand par la parole, par les prodiges et par l'héroïsme de la sainteté, que la postérité l'a rangé parmi les apôtres, avait annoncé l'Évangile à toute l'Aquitaine ; bien d'autres, en cent lieux différents, avaient planté la croix. Cependant, au IVᵉ siècle, le paganisme tenait encore bon dans les campagnes, et opposait à l'action de la vérité une résistance opiniâtre. « C'est alors, dit saint Grégoire de Tours, que se lève sur notre pays une lumière brillante, et que la Gaule entière est éclairée des nouveaux rayons de ce flambeau ; c'est alors que le bienheureux Martin commença de prêcher dans les Gaules, et prouvant aux peuples, par de nombreux miracles, que Jésus-Christ est vrai Dieu, il détruisit l'incrédulité. » L'apostolat de saint Martin, comme tout apostolat fécond, fut un apostolat populaire. Il eut la simplicité, l'ardeur du zèle, la force douce et pénétrante de persuasion, la puissance du miracle enfin, qui ébranlent les masses et qui les subjuguent. Sa voix avait ces appels touchants qui entrent au plus profond des cœurs, et parfois, nous dit Sulpice Sévère, elle prenait un accent surhumain, *nec mortale sonans,* et elle retentissait comme un tonnerre dans les consciences troublées de ses auditeurs.

Le plus intrépide courage s'unissait dans le serviteur de Dieu à la plus tendre charité : aucune fatigue ne le rebutait, aucun péril ne l'effrayait. Il poursuivait le paganisme jusque dans ses dernières retraites, il détruisait avec une autorité que soutenait visiblement la grâce du ciel, les grossiers monuments de la superstition, et sur les ruines des temples il élevait les églises de Jésus-Christ. Et lorsque, après vingt-cinq ans de labeurs, ce géant de l'apostolat s'endormit dans la paix de son Dieu, comme un vainqueur au lendemain d'une bataille meurt enveloppé dans la gloire du triomphe, l'œuvre divine était faite ; la Gaule était à jamais conquise à la véritable foi ; les Francs pouvaient venir, leur berceau était prêt.

Ils viennent, les fiers et rudes enfants des forêts germaines. Dès avant même leur conversion, ils s'inclinèrent respectueux devant le grand nom de Martin, et lorsque Clovis courba son front sous la main du pontife Remi, ce fut, chose certainement voulue par un concert particulier de la Providence, ce fut, dis-je, dans une humble église des faubourgs de Reims, dédiée à saint Martin, qu'il reçut le baptême.

La jeune royauté, encore toute rayonnante des splendeurs de Reims, reçut dans les champs de Vouillé le sacre de la victoire. L'arianisme, qui menaçait de ressusciter sous une autre forme la barbarie païenne, recula devant l'épée de Clovis. Le vainqueur, qui n'avait voulu rien tenter sans la protection de saint Martin, offrit au grand Thaumaturge, comme hommage de sa reconnaissance, son cheval de combat. Puis dans la basilique même, devant ce tombeau sacré, parmi les acclamations de la foule, il ceignit, pour la première fois, le diadème, revêtit la pourpre impériale que lui envoyait l'empereur Anastase, et fut proclamé consul et auguste.

On l'a justement remarqué : « C'est dans une église de saint Martin que la royauté française reçoit le baptême et se fait sacrer, c'est sous les auspices de saint Martin qu'elle conquiert la moitié de la Gaule, et fonde l'unité politique du territoire français ; c'est dans la basilique de saint Martin à Tours, qu'elle prend la pourpre et le diadème, et revêt aux yeux des Gaulois, le caractère de la légitimité (1). »

(1) *Figure historique de saint Martin. Étude sur son rôle et sur son influence*, par M. l'abbé C. Chevalier, p. 17.

Qu'il nous soit permis de recommander ici la lecture de ce travail si remarquable et qui contient tant de choses dans sa brièveté.

Trois siècles s'écoulent, et dans les landes de Miré d'où l'on découvre la ville et la basilique de Saint-Martin, s'engage une des luttes les plus solennelles dont l'histoire ait gardé le souvenir. Il ne s'agit pas en effet, à cette heure, d'une simple prépondérance de race ou d'intérêts politiques plus ou moins considérables; c'est la cause même de la chrétienté, et partant de la civilisation qui est en jeu. Charles Martel range ses troupes sous la bannière de saint Martin, et sa masse d'armes met en poussière le cimeterre des Sarrasins qui apportaient dans les plis de leurs étendards, avec la haine du nom chrétien, le culte de la volupté, la polygamie, la destruction de la famille et de toute véritable société.

Aux fils de Mahomet succèdent les Normands, ces audacieux coureurs de mers qui furent l'effroi de notre patrie avant d'en devenir l'honneur et la gloire. Saint Martin finit par avoir raison de ces farouches enfants du nord et par les conquérir à la foi. « Après l'avoir rencontré comme son plus redoutable adversaire dans les batailles, cette race guerrière le prit pour son patron, et quand Guillaume le Conquérant se fut emparé de l'Angleterre, il éleva le monastère de Saint-Martin-de-la-Guerre sur le lieu même du combat d'Hastings, et le peupla de moines de Marmoutier (1). »

Je serais infini, mes Frères, si je voulais suivre à travers les âges l'influence du nom et du culte de saint Martin. Un fait trop enseveli dans l'oubli, vous montrera d'une manière saisissante qu'elle a été ce qu'on peut appeler l'action d'outre-tombe de saint Martin sur les destinées de la France. Nul d'entre vous, Messieurs, n'ignore ce qu'est un drapeau. Le drapeau! il est l'image de la patrie, il est le signe visible et le symbole expressif qui en résument la puissance, l'honneur et la gloire. Fussions-nous jetés à trois mille lieues des rives que nous aimons, là où flotte le drapeau du pays, là est le pays. Eh bien! savez-vous quel

(1) Chevalier, op. cit.

a été, six siècles avant l'oriflamme, le drapeau national? La *Chape* de saint Martin. On donnait ce nom « au voile de soie qui couvrait le tombeau du saint Thaumaturge (1). » Ce voile précieux passa de bonne heure dans les mains de nos rois, qui le déposèrent dans l'oratoire du Palais, et les historiens nous rapportent qu'en tête de leurs armées ils faisaient religieusement porter la sainte relique. Ce qu'était l'arche pour les Hébreux, la *Chape* de saint Martin l'était pour nos pères. Son nom rayonna sur tout ce qui l'entourait, et sur les clercs, *cappellani*, qui la gardaient, et sur le lieu où on la conservait, *capella*, chapelle. Il y a plus, à en croire de graves autorités, ce nom fut un surnom de rois, et cette illustre dynastie des *Capétiens*, la plus grande race royale qui ait apparu dans l'histoire, et qu'il n'est permis à aucun Français de nommer sans éprouver une respectueuse émotion, tire son nom de ce que ses fondateurs, Robert le Fort, Hugues le Blanc, Hugues Capet, se glorifiaient de porter sur leurs vaillantes mains la *Chape* de saint Martin. Et en même temps que cette *Chape* était l'étendard des batailles, qui conduisait nos pères à la victoire, elle abritait comme « sous une tente » suivant la remarque d'un docte écrivain, cette École du Palais dont Alcuin fut un des maîtres, et qui, se perpétuant à travers les âges, devait donner naissance à une fille plus glorieuse encore que sa mère : à l'antique université de Paris (2).

Il faut finir, mes Frères, certes, je suis loin d'avoir tout dit; cependant il me semble que, si faibles qu'aient été mes paroles, elles ont dû vous faire comprendre quels liens

(1) Chevalier, op. cit., p. 17.

« Anciennement ils (les rois de France) ne commençaient point de guerre sans y (au Tombeau de saint Martin) venir auparavant lui demander sa protection et y prendre son étendard. C'était un grand voile sur lequel l'image du saint était peinte, et qui servait à couvrir son tombeau. D'où vient que quelques anciens auteurs lui donnent indifféremment le nom de chape et d'étendard. »

La vie de saint Martin, par l'abbé Gervaise, édit. 1699, p. 299.

(2) Dom Pitra, *Histoire de saint Léger.*

étroits rattachent la fortune de la France au culte de saint Martin. Notre patrie subit les mêmes alternatives de grandeur et de décadence que le sanctuaire du grand Thaumaturge des Gaules, et lorsqu'à la fin du siècle dernier, la vieille Basilique qui avait vu se succéder dans ses murs, à travers les siècles, toutes les grandeurs de la terre, et qui demeurait debout comme un fidèle témoin des gloires anciennes, fut profanée, détruite, égalée au sol, n'est-il pas vrai que la France connut des hontes qui ne lui avaient jamais été infligées pendant le cours de sa longue histoire?

Depuis lors, pareil à un édifice dont la pierre angulaire aurait été arrachée, la France n'a pu trouver ni repos ni stabilité. Tout oscille, chancelle, et à certaines heures tout paraît prêt à s'écrouler parce que le *principe* qui est Jésus-Christ, premier roi des Francs, et dont la tombe de saint Martin était l'expression matérielle et visible, a été jeté hors des fondements. Eh bien! mes Frères, cette tombe glorieuse retrouvée comme par miracle, il y a quelques années, et que les nouvelles générations viennent visiter et honorer en foules chaque jour plus pressées, n'est-ce pas la prophétie, et je dirai n'est-ce pas le germe, encore faible, mais fécond de la vie nationale et chrétienne dans notre pays?

Beaucoup d'esprits, je le sais, et parmi les meilleurs, mille et mille fois déçus, estimant que le mal est trop profond, se refusent à l'espérance. Regardez, vous disent-ils, que voulez-vous faire de cette société qui poursuit obstinément sa route fatale?... Que faire avec ces tempéraments moraux anémiques, avec ces constitutions énervées qui rejettent le fortifiant et le cordial qui pourraient encore les sauver? Regardez! n'est-ce pas Babylone à la veille d'être surprise par le vainqueur dans l'orgie du festin? N'est-ce pas Rome avec sa plèbe affamée de sang et de luxure; avec ses affranchis d'hier corrompus et corrupteurs; avec ses matrones qui ne savent plus porter les augustes devoirs de l'épouse et de la mère; avec ses fils dégénérés des grandes races qui souillent dans toutes les boues les noms que leurs pères portaient resplendissants d'honneur à la pointe de l'épée? N'est-ce pas Byzance avec sa tourbe de rhéteurs pesant des accents et disputant sur des virgules, avec sa foule de furieux criant : Plutôt le Turc que le Pape, alors que le bélier du Turc enfonçait les portes de la cité? N'est-ce pas la France du siècle dernier, jetée, encore toute parée, des débauches élégantes et des salons voluptueux de la Régence au couteau sanglant de la terreur? Encore un coup, regardez... Que pouvez-vous espérer de cette pauvre société?...

O Seigneur Jésus! de cette sentence rigoureuse, de cet arrêt impitoyable de la sagesse humaine, j'en appelle à votre cœur d'ami. *Ecce. quem amas infirmatur* (1). Cette France que vous aimez, elle est malade, elle est agonisante, elle ressemble au pauvre paralytique étendu sur les bords de la piscine ; vous lui disiez : *Vis sanus fieri :* Voulez-vous guérir (2)? Et il répondait tristement : *Hominem non habeo* (3). « Je n'ai personne pour me prendre entre ses bras, et pour me plonger, à l'heure opportune, dans l'eau miraculeuse. » Si vous vous penchez vers cette malheureuse société, étendue, couverte de plaies, dévorée de gangrène, sur les marches de ses théâtres, de ses bourses, de ses académies, si vous lui demandez : Veux-tu guérir? Veux-tu vivre? Ah! répondra-t-elle, par la voix de tous ceux qui ont encore gardé au cœur quelques étincelles d'honnêteté et de justice : Oui, je veux vivre. Mais... *Hominem non habeo;* je n'ai personne. Je me suis livré à tous les empiriques, à tous les prétendus sauveurs, ils n'ont fait qu'aggraver mon mal. Je regarde autour de moi : des ombres, des semblants d'hommes, des apparences de *quelqu'un, quasi quis,* comme dit le Prophète, mais... *Hominem non habeo,* il n'y a point d'hommes.

Tu te trompes, ô pauvre société! Il y a un homme, un homme véritablement sauveur, un homme qui est né il y a

(1) J., XI, 5.
(2) J., V, 6.
(3) *Ibid.,* 7.

plus de dix-huit cents ans dans une crèche, qui a grandi dans le silence et la retraite, qui a vécu dans la pauvreté et les labeurs, qui a été couvert d'opprobres, battu de verges, couronné d'épines, crucifié ; qui a été mis au tombeau et qui est ressuscité le troisième jour, triomphant de la haine de ses ennemis et victorieux de la mort, et cet homme c'est vous, ô Seigneur Jésus, vous que le lâche proconsul romain montrait à la plèbe juive d'un geste de pitié dédaigneuse, disant : *Ecce homo,* « voilà l'homme ! » Tu dis mieux que tu ne penses, ô Pilate ! oui, voilà l'homme, l'homme attendu pendant quarante siècles, l'homme rédempteur, l'*homme* qui, étant aussi Dieu, nous a ouvert son cœur, nous a tendu ses bras, nous a enlacés dans les étreintes de son amour, nous a bénis de son sang... Voilà l'*homme*. Oh ! ne disons plus : *Hominem non habeo ;* il n'y a personne pour nous relever...

Et cet *Homme* s'est donné sur cette terre des organes de la parole, des vicaires de son action, des représentants de sa puissance. Vous êtes ces *Hommes,* Messeigneurs ; vos glorieux prédécesseurs ont fait la France,. vous, vous la referez. A des titres différents, vous êtes entrés dans l'héritage de saint Martin. Pendant sa vie il a évangélisé les terres sur lesquelles s'étend votre sceptre pastoral, et maintenant de sa tombe émane une vertu qui vous soutient dans vos fatigues. Comme lui, comme le vénérable archevêque assis sur son siége, vous dites d'un grand cœur : « *Non recuso laborem.* Je ne refuse pas le labeur.» Travaillant dans la justice, vous moissonnerez le triomphe et la paix (1). »

L'on rapporte, qu'un jour Martin venait de renverser l'idole d'une fausse divinité. Un païen se précipite furieux sur l'évêque. «Frappe ! » lui dit celui-ci avec une tranquille majesté, et le barbare laisse échapper le glaive de sa main et il se fait chrétien.

---

(1) *Justitia et pax.* Ces paroles forment la devise de Mgr Charles Colet, archevêque de Tours.

Nos évêques, mes Frères, animés du mâle courage du soldat et de l'apôtre, veulent, eux aussi, jeter à terre les idoles; de nouveaux barbares lèvent la main, prêts à frapper. Ne craignez pas, le Dieu de saint Martin est toujours le Dieu de la France; les barbares tomberont à genoux, et il y aura encore des jours de gloire pour la patrie et pour l'Église.

IMP. PAUL BOUSEREZ, RUE DE LUCÉ, 5, A TOURS.